* هذه حكاية على عبيطة على راسها شبه شاشية حمرا *

LES CONTES DE PERRAULT

LE

PETIT CHAPERON ROUGE

Traduit en arabe usuel de l'Algérie

PAR

M. TIBAL

PROFESSEUR D'ARABE A ALGER

ALGER

IMPRIMERIE TYPOGRAPHIQUE ET LITHOGRAPHIQUE CHENIAUX-FRANVILLE

9, rue Bab-el-oued, 9

1880

A MONSIEUR

ALBERT GRÉVY

Premier Gouverneur général civil de l'Algérie

HOMMAGE DE L'AUTEUR

En vous offrant cet opuscule et en souhaitant que cette dédicace vous porte bonheur, permettez-moi, Monsieur le Gouverneur général, de vous tenir le langage suivant : « Songez que l'Algérie attend de vous tous les bienfaits du régime civil, et que du fond de leurs tristes chaumières, deux millions d'Arabes sont dans l'attente de leur régénération. »

TIBAL.

1880

* هذه حكاية على صبية على راسها شبر شاشية حمرا *

LES CONTES DE PERRAULT

LE
PETIT CHAPERON ROUGE

Traduit en arabe usuel de l'Algérie

PAR

M. TIBAL

PROFESSEUR D'ARABE A ALGER

ALGER
IMPRIMERIE TYPOGRAPHIQUE ET LITHOGRAPHIQUE CHENIAUX-FRANVILLE
9, rue Bab-el-Oued, 9

1880

Ceci est l'histoire d'une petite fille appelée le Petit chaperon rouge.	Hadi	Ceci	هذه
	he ka-ia	anecdote, conte, histoire	حكاية
	ala	sur	على
	Tefl-ila	petite fille	طفيلة
	me-cem-miya	nommée	مسمية
	Lou biti chab roun roudj,	Le petit chaperon rouge,	ل بط شب رن رج
	Lou biti	le petit (Lou biti)	ل بط
	hou-oua	lui (signifie)	هو
	Esse-rir	Le petit.	الصغير
	chab-roune	chab roun (chaperon)	شب رن
	hou-oua	lui (signifie)	هو
	cha-ba	semblant	شبه
	Ech-chachi-ya	calotte,	الشاشية
	ou	et	و
	roudj	Roudj, rouge	رج
	hou-oua	lui (signifie)	هو
	ah-mar	rouge.	احمر
	i-kou-lou	Ils disent, ils racontent	يقولوا
	ala	sur	على
	se-bi-ya	jeune fille	صبية
	men	de, d'entre	من
	Esse-bi-yetz	les jeunes filles	الصبيات
	Elli	lesquelles	الى
	houme	elles	هم
	Sake-nine	habitant	ساكنين
	fid	dans	فى
	de chour	les villages,	الدشور
	ou	et	و
	hi-ya	elle	هى
Il était une fois une petite fille de village, la plus jolie qu'on eût su voir.	bahi-ia, hoss-na	belle,	بهية حسنة
	zi-ina	jolie	زينة
	hatta	Au point que	حتى
	ma	ne pas	ما
	i-kounc	il existe	يكون

Sa mère en était folle et sa mère-grand plus folle encore.	metel-le-ha	semblable elle	مثلها
	fid	dans	فى
	dou-nia	le monde, ici-bas :	الدنيا
	ou	et	و
	oume-ha	mère d'elle	امها
	be rè-te	elle a désiré, voulu	بغت
	Te-he-bel	elle devient folle	تهبل
	ali-ha	sur elle	عليها
	men	de	من
	ko-ter-te	grande quantité	كثرة
	El-hobbe	l'amour,	الحب
	ou	et	و
	djeddète	mère grand, aïeule	جدت
	Etto-fla	la fille	الطفلة
	he-be-lete	elle a été folle	هبلت
	ali-ha	sur elle	عليها
	ak-tsar	plus	اكثر
	men	de	من
	oume-ha	mère d'elle	امها
	men	de	من
	El-hobbe	l'amour	الحب
	Tani	second, aussi, également.	ثانى
	che-rète	Elle a acheté	شرت
	le-ha	à elle	لها
	djeddète-ha	mère-grand d'elle	جدتها
	El meli-ha	la bonne	المليحة
	lebe-sa	vêtement coiffure	لبسة
	ham-ra	rouge	حمرا
	idi-rou-ha	elles emploient lui,	يديروها
	da-i-rine-ha	employant lui	دايرينها
Cette bonne femme lui fit faire un petit chaperon rouge	ala	sur	على
	rouss-houme	têtes d'elles	روسهم
	En-neça	les femmes	النسا
	be-kri	autrefois, de bonne heure,	بكرى

	ou	et	و
	hi-ya	lui (vêtement)	هى
	Tache-beh	ressemble	تشبه
	Ech-cha-chi-ia	la calotte,	الشاشية
	oua-tia / mou-tia	plate,	واطية / موطية
	ou	et	و
	bi-ha	avec elle, adapté à elle	بها
	Me-dou-ou-ra	un cercle, un rond	مدورة
	che-rol	occupation, travail, semblable pour la forme, à l'instar de...	شغل
	El meki-yèss, El meça-isse-El me-kouèss	les bracelets	المقياس المسايس المقواس
	ou	et	و
	fi	dans	فى
	kalbou	cœur de lui, intérieur	قلبه
	che-arc	poil	شعر
	me-ta	appartenant à	متاع
	El ha-i-ou a-na	l'animal ;	الحيوانة
	ou	et	و
	bi-ha	avec elle, adapté à elle (calotte.)	بها
	tarff	un morceau, bande d'étoffe, flamme:	طرف
	men	de, par	من
	oura-ha	derrière d'elle (calotte.)	وراها
	he-rir	soie ;	حرير
	ou	et	و
	E-sem	nom	اسم
	hadi	cette	هذه
	Ech-cha-chi-ia	la calotte (L'auteur s'est fait faire un chaperon rouge, il en fait ici la description.)	الشاشية
	hou-oua	lui	هو
	chabe-roune roudj	chaperon rouge,	شب رن رج
qui lui seyait si bien que partout on l'appelait le petit chaperon rouge.	ia-ani	il signifie, c'est-à-dire :	يعنى
	cha-chi-ia	calotte	شاشية
	hame-ra	rouge,	حمرا
	ou	et	و
	hi-ya	elle	هى

	Telik		elle sied, elle convient,	تليق
	bi-ha		avec elle, à elle	بها
	bezzèff		beaucoup	بالزّاف
	hatta		au point que	حتّى
	a-dète		ils se trouvèrent	عادت
	nèsse		gens	ناس
	ou-tene-ha		pays d'elle	وطنها
	i-sam-mi-ou		ils appellent, ils nomment	يسمّوا
	El be-ni-ya		la petiote	البنية
	bi-ésem		avec le nom	باسم
	hadi		cette	هذه
	Ech-cha-chi-ia		la calotte,	الشّاشية
	ia-ani		il signifie, c'est-à-dire	يعني
	se-bi-ia		petite fille	صبية
	ala		sur	على
	rasse-ha		tête d'elle	راسها
	cha-chi-ia		calotte	شاشية
	hame-ra		rouge.	حمرا
	ioume		Jour (un)	يوم
	men		de, d'entre	من
	El-a-ième		les jours	الايام
	kra-be-zete		elle a fait du pain.	خبزت
	oume-ha		mère elle	امها
	El-kre-bi-za		le petit pain, galette	الخبيزة
	ou		et	و
	Tabe-krètc-ha		elle a cuit lui (le pain)	طبختها
	ou		et	و
	galète		elle a dit	قالت
	le-ha		à elle:	لها
	rou-hi	rouhill	« va	روحي روحي
	i-la		vers	الى
	djeddèk	djeddèk	mère-grand de toi	جدتك
	ou		et	و
Un jour, sa mère	chou-fi		regarde, vois	شوفي
ayant fait et cuit	ouach		quoi	واش
des galettes, lui dit:	hale-ha		état d'elle, santé,	حالها
	gallou		ils ont dit	قالوا

« Va voir comment se porte ta mère grand, car on m'a dit qu'elle était malade. Porte-lui une galette et ce petit pot de beurre. »	li merida hak hadil krebiza ou hadich chemou-kra gue-de-ha fi-ha Ezzebe-da Eddi houme le-ha	à moi malade. Tiens cette la galette et ce le petit pot id. dans lui le beurre porte eux à elle. »	لي مريضة هاك هذه اخبيزة و هذه الشموخة قدحة فيها الزبدة إدهم لها
Le Petit chaperon rouge partit aussitôt pour aller chez sa mère grand, qui demeurait dans un autre village. En passant dans un bois, elle rencontra compère le Loup, qui eut bien envie de la manger ;	Dé-he-betz El be-ni-ia fil hine ila deche-ra ou-kre-ra Sa ke-na fi-hal djedda Bine-ma hi-ya Ka-te-a raba Serira kre-redj ali-ha si Mc-hammed Ed-dibe ou hou-oua	Elle est partie la petiote dans le moment, sur le champ vers village autre demeurant dans lui la mère grand. Pendant que elle traversant, coupant bois, forêt petite, il est sorti sur elle Monsieur Mahammed le loup, et lui	ذهبت البنية في اكين الى دشرة اخرى ساكنة فيها الجدة بينما هي فاطعة غابة صغيرة خرج عليها سي امحمد الذيب و هو

mais il n'osa, à cause de quelques bûcherons qui étaient dans la forêt. Il lui demanda où elle allait.	ma da bi-i ia-koul-leha ou fi frança Eddièbe oua-a-rine ki-sseba ki-ddeba Laken ste-ha, hechem	combien cela avec lui ! } Il se mourait d'envie il mangera elle ; (et dans France les loups difficiles, cruels comme bête féroce, comme hyène) mais il a eu honte	ما ذا به ياكلها و فى فرانسة الذياب واعرين كسبع كضبع لاكن استحى حشم
	ala kra-ter sema ba-ade Hatta-bine ia-ha-te-bou El he-tabe fil raba gal le-ha oua-i-ne radia	sur personne } parceque il a entendu quelques bûcherons ils font du bois. il ramassent le bois dans la forêt Il a dit à elle : « où allant ? »	على خاطر سمع بعض حطابين يحطبوا الحطب فى الغابة قال لها وأين غادية
La pauvre enfant, qui ne savait pas qu'il était dangereux de s'arrêter à	oul Mcci-kina se-rira kre-lass ma ande-ha Kre-bar bed dièbe ou	Et la pauvrette petite, jeune tout-à-fait, ne pas chez elle nouvelle avec les loups, et	و المسكينة صغيرة خلاص ما عندها خبر بالذياب و

écouter un loup, lui dit : « Je vais voir ma mère grand et lui porter une galette avec un pot de beurre que ma mère lui envoie.	ma	ne pas	ما
	ta-arf	elle sait	تعروف
	chi (ou bien che)	chose	شي
	bi-anna	que :	بان
	ou gouff	arrêt, action d'être debout	وفوف
	maa	avec	مع
	Ed DIBE	le loup	الذيب
	se-IBE	difficile, dangereux	صعيب
	ou	et	و
	fi-hi	dans lui (l'arrêt)	فيه
	El krouf	le danger, la crainte, la peur	الخوف
	ou a	et	و
	El helèk	la mort, le trépas.	الهلاك
	galete	Elle a dit	قالت
	lou	à lui :	له
	ani	« moi	اني
	ma-chia	marchant, allant	ماشية
	ila	vers	الى
	El djedda (machial djedda)	l'aïeule, la mère grand	الجدّة
	atoll	j'apparais	اطل
	ali-ha	sur elle,	عليها
	ou	et	و
	med-dia	porteuse	مدّية
	leha	à elle	لها
	El-kre-biza	le petit pain, la galette	الخبيزة
	ou	et	و
	ne-cibe	portion, un peu	نصيب
	men	de	من
	ezze-beda	le beurre,	الزبدة
	ba-atète-houme	a envoyé eux	بعتهم
	le-ha	à elle	لها
	oum-mi, yem-ma	mère de moi. »	امي يمّا
— Demeure-t-elle bien loin ? lui dit le loup.	gal ou kal	Il a dit	قال
	le-ha	à elle	لها
	Eddibe	le loup :	الذيب

	ou	« Et	و
	me-hal	lieu, endroit, place	محل
	sekene-ha	demeure d'elle	سكنها
	be-ide	éloigné, loin ?	بعيد
	ou-a-ila	et si ce n'est	والا
	ke-ribe	proche ? »	قريب
	galète	Elle a dit	قالت
	lou	à lui	له
	et-tofla	la petite fille :	الطفلة
	be-ide	« éloigné, loin	بعيد
	ia	o	يا
	Sidi	Seigneur de moi ; »	سيدي
	choufte	tu as vu, vois-tu	شفت
	chi	chose	شي
	rehate	moulin	رحى
	Errih	le vent	الريح
	hadik	celui-là ?	هذيك
	Emmala	Eh bien ;	اما لا
	bite	chambre, maison	بيت
	El djedda	l'aïeule, mère grand	الجدة
	mène-ha	depuis lui, de lui, (le moulin)	منها
	lehi, le-hi	là-bas, là-bas,	لهيه لهيه
— Oh ! oui, lui dit	mene-hi	par delà.	من هيه
le Petit Chaperon	krelasse	tout à fait	خلاص
Rouge c'est par de	ou	Et	و
là le moulin que	bite-ha	chambre, maison d'elle	بيتها
vous voyez tout là-	hi-yall	elle	هي
bas, là-bas à la pre-	Lou-ou-la	la première	الاولى
mière maison du	Elli	laquelle	الى
village.	i-cibe-ha	il trouve elle	يصيبها
	El me-sa-fer	le voyageur	المسافر
	ki-iou-ou-cel	lorsqu'il arrive	كيصل
	Eddechera	le village.	الدشرة

— Eh bien, dit le loup, je veux l'aller voir aussi; je m'y en vais par ce chemin-ci et toi par celui-là, et nous verrons à qui plus tôt y sera	gal	Il a dit	فال
	le-ha	à elle	لها
	Eddibe	le loup	الذيب
	hatta	« jusqu'à, même	حتى
	a-na	moi	انا
	ba-ri	désirant, voulant	باغ
	a-toll	j'apparaitrai	اطل
	ala	sur	على
	djeddèk	aïeule de toi	جدتك
	kroudi	prends	خذي
	Enta, enti	toi	انت
	Et-trik	le chemin	الطريف
	ha-di	celui-ci,	هذه
	ou	et	و
	a-na	moi	انا
	ma-kroude	prenant	ماخوذ
	ha-dik	celui-là,	هذيك
	ou	et	و
	Nete-sa-be-kou	nous lutterons de vitesse,	نتسابق
	ala	sur	على
	elli	celui	الى
	i-ou-cel	il arrive, il arrivera	يصل
	ila	vers, au	الى
	Eddeche-ra	le village	الدشرة
	hou oual	lui	هو
	Lou-oul	le premier	الاول
Le loup se mit à courir de toute sa force par le chemin qui était le plus court, et la petite fille s'en alla par	Kre-da	Il a pris,	اخذ
	Si	Monsieur	سى
	Me-ham-med	Mahammed	امحمد
	Ed-dibe	le loup,	الذيب
	Ettrik	le chemin	الطريف
	El ke-cira	le court	الفصيرة
	ou	et	و
	a-de	il s'est trouvé, il s'est mis	عاد
	ie-dje-ri	il court	يجري

le chemin qui était le plus long, s'amusant à cueillir des noisettes, à courir après des papillons et à faire des bouquets de petites fleurs qu'elle rencontrait.	bel kou-oua	avec la force,	بالقوّة
	Kredets	elle a pris	أخذت
	El be-ni-ia	la petiote	البنيّة
	Et-trik	le chemin	الطريف
	Ettou-i-la	le long,	الطويل
	ou	et	و
	bedète	elle a commencé,	بدت
	Tete-make-nene	elle sautille, elle s'amuse de ci, delà, à l'instar du chardonneret, moknine.	تتمخذن
	ou	et	و
	Telag-guete	elle cueille	تلقط
	El ben-dek	les noisettes,	البندق
	ou	et	و
	hi-ya	elle	هي
	Ta-be-a, aguèbe	suivant, poursuivant	تابعة عقب
	Bou fartattou	le papillon (le père fartottou)	بو برططو
	ou	et	و
	bou	père	أبو
	bechir	porteur d'une bonne nouvelle } papillon	بشير
	ou al	et	و
	bech-chara	la porteuse de bonne nouvelle ; (papillon).	البشارة
	ou al	et	و
	Nou-ouar	les fleurs	النوار
	Esse-rira	les petites	الصغيرة
	Elli	lesquelles	الى
	Tale-Ka-ha	elle rencontre elles	تلقيها
	Ta-amel	Elle a fait, elle fera	تعمل
	bi-ha	avec elles	بها
	El mecha-mime	les bouquets,	المشاميم
Le loup ne fut pas long à arriver à la maison de la mère	oua	Et	و
	amma	quant à	أما
	Eddibe	le loup	الذيب
	ma	ne pas	ما
	beta	il a été long, il a tardé à venir	بطا

grand; il heurta. Toc, toc. « qui est-là !	chi	chose	شى
	fit	dans	فى
	trik	le chemin	الطريف
	ou a	et	و
— C'est votre fille, le Petit Chaperon Rouge, dit le loup en contrefaisant sa voix,	ou-cel	il est arrivé	وصل
	bi-fi-i	avec lui, dans lui,	به ديه
	bine-fi-i	« entre (p. position) dans lui, de suite.	بين بيه
	ila	vers	الى
	bite	chambre, maison	بيت
	El djedda	la mère grand.	الجدة
	Tabe-tabe, dak-dak	Il a heurté,	طبطب دقدق
	Tak-Tak	toc, toc	طق طق
	Se ma	il a entendu,	سمع
	Ed-dibe	le loup,	الذيب
	Sou-out	voix	صوت
	men	de	من
	da-krel	intérieur	داخل
	i-goul, tegoul	elle dit, elle dira :	يقول تقول
	mene	qui	من
	hou	lui ? » { qui est là ? qui va là ?	هو
	a-mel	Il a fait	عمل
	be-rou-hou	avec âme de lui, il a fait semblant	بروحه
	hou-oua	lui (d'être)	هو
	Ettofi-ila	la petite fille	الطفيلة
	ou	et	و
	rodd	il a rendu	رد
	le ha	à elle	لها
	Ed-djouèbe	la réponse	الجواب
	ou	et	و
	za ou-ouer	il a contrefait	زور
	sou-ou-tou	voix de lui	صوته
	kal	il a dit	قال
	le-ha	à elle :	لها
	a-ni	« Je suis, moi	انى
	hi-ya	elle	هى

qui vous apporte une galette et un petit pot de beurre que ma mère vous envoie. »	ben-tek	fille de toi	بنتك
	Loubiti chabe roune roudj	le petit chaperon rouge	لُبيْطِ شبّ رُنْ رج
	djibete	j'ai apporté	جيبت
	lek	à toi	لك
	krebi-za	petit pain, galette	خبيزة
	ou	et	و
	zeb-da	beurre	زبدة
	men	de	من
	an-de	chez	عند
	oum-mi, yemma	mère de moi. »	أمي يما
	oual	Et	و
	djedda	l'aïeule	الجدة
	El-meli-ha	la bonne	المليحة
La bonne mère grand, qui était dans son lit, à cause qu'elle se trouvait un peu mal, lui cria :	ka-nete	elle a été, elle était	كانت
	fil	dans	في
	frèche	le lit	الفراش
	La-djel	à cause que	لاجل
	ma	ne pas	ما
	tegue-der	elle peut } Elle était	تقدر
	chi	chose } indisposée	شي
	chou-i-ya	un peu	شوية
	merida	malade.	مريضة
	galete	Elle a dit	قالت
	leddibe	au loup :	للذيب
« Tire la chevillette, la bobinette cherra. »	Edje-bede	Tire	اجذب
	Essokka-ra	la chevillette	السكارة
	oual	et	و
	bèbe	la porte	الباب
	I-te-hal	elle s'ouvre, s'ouvrira,	يتحل
Le loup tira la chevillette	Djebed	Il a tiré	جذب
	Eddibe	le loup	الذيب
	Essokkara	la chevillette	السكارة

et la porte s'ouvrit.	oual bebe Tehal	et la porte s'est ouverte.	و الباب تحل
Il se jeta sur la bonne femme, et la dévora en moins de rien ; car il y avait plus de trois jours qu'il n'avait mangé.	he-djem alal djedda ou Kela-ha louk-ma fri-da ala Kra-ter Telte i-yem ou hou-oua ma yakoul che	il s'est précipité, jeté sur la mère grand et il a mangé elle bouchée unique, seule sur⎱ parceque personne⎰ trois jours et lui ne pas il mangera, il mange chose ;	هجم على الجدة و اكلها لقمة فريدة على خاطر ثلث ايام و هو ما ياكل شى
Ensuite, il ferma la porte et s'alla coucher dans le lit de la mère grand en attendant le Petit Chaperon Rouge, qui, quelque temps	ou ba-ade ma Ke-fel El bèbe Dekrel fil frèche sa-bere Ette-fi-ila djè-te hi-ya ba-ade sa-a krefi-fa	et après que il a fermé la porte il est entré dans le lit attendant la petite fille Elle est venue elle après instant, moment léger court	و بعد ما فبل الباب دخل فى الفراش صابر الطفيلة جات هى بعد ساعة خفيفة

après, vint heurter à la porte. Toc, toc. « qui est là ? »	ou tabe-te-bète Tac-tac gal eddibe mene hou	et elle a heurté. Toc, toc. il a dit le loup : « qui lui ? } qui est là ?	و طبطبت دق دق قال الذيب من هو
	Ki-seme-ète sou-out tekil, tekila metaa Eddibe krafete fil beda fil aou-ouel laken baade saa Keli-la galete fi nefes-ha	Lorsqu'elle a entendu voix lourde, grosse appartenant à, propriété de le loup, elle a eu peur, elle a craint dans le commencement, dans le premier } d'abord Mais après instant court, moindre, petit, elle a dit dans âme d'elle (en elle-même) :	كسمعت صوت تقيل تقيلة متاع الذيب خافت في البدا في الاول لاكن بعد ساعة قليلة قالت في نفسها
Le Petit Chaperon rouge, qui entendit la grosse voix du loup, eut peur d'abord ; mais, croyant que sa mère grand était enrhumée, il répondit : « c'est	icm-kene El djedda me-rou-ou-ha meze-kouma me-bah-ba-ha mebe-ha-ha a-i-ya nedekrol galete leddibe a-ni	« peut-être la mère grand enrouée, enrhumée du cerveau, enrouée id allons ! j'entre, j'entrerai ! entrons Elle a dit au loup : « moi, je suis	يمكن الجدة مروحة مزكومة مبحبحة مبحاحة ايا ادخل قالت للذيب اني

votre fille, le Petit Chaperon rouge, qui vous apporte une galette et un petit pot de beurre que ma mère vous envoie. »	hi-ya ben-tek Lou biti chab roune roudj djibete lek El krebi-za ou chemoukra, gue de-ha fi-ha Ezze-beda mene an-de oum-mi, yemma	elle fille de toi le petit chaperon rouge j'ai apporté, j'apporte à toi le petit pain, la galette et petit pot dans lui le beurre de chez mère de moi.	هي بنتك لُ بطِ شبْ رنْ رجْ جيبت ليك اكبيزة و شموخة فدحة فيها الزبدة من عند امّي يمّا
Le loup lui cria, en adoucissant un peu sa voix : « Tire la chevillette, et la bobinette cherra. »	gal le-ha Eddibe ou hou-oua i-kraffefe, ill-yen sou-ontou Edjebedi Essokkara oual bèbe ite-hal	Il a dit, à elle, le loup, et lui il rend légère, il adoucit voix de lui : Tire la chevillette, et la porte elle s'ouvrira.	قال لها الذيب و هو يخفّف يلين صوته اجذبي السكارة و الباب يتحل
Le Petit Chaperon Rouge tira la chevillette, et la porte s'ouvrit:	dje-be-dete El be-ni-ya Essokkara oual bèbe Te-hal	Elle a tiré la petiote la chevillette et la porte s'est ouverte.	جذبت البنية السكارة و الباب تحل

Le loup, la voyant entrer, lui dit, en se cachant dans le lit, sous la couverture :	ki-ra-ha Eddibe da-kre-la gal le-ha ou hou-oua i-ratti rou-hou Belmareta Bezza-ou-ra belferra-chi-ya bel ha-ik	Lorsqu'il a vu elle le loup entrant, il a dit à elle, et lui il couvre âme de lui, personne de lui avec la couverture, id. id. id. haïk :	كراها الذيب داخلة قال لها و هو يغطى روحه بالمغطا بالزورة بالفراشية بحايك
« Mets la galette et le petit pot de beurre sur la huche, et viens te coucher avec moi ;	hottil kre-biza oua chemou-kra fil gue-ça-a ou aroua-hi a-dji T'or-gue-di ma-a-ia fil frèche	« pose, mets le petit pain et le petit pot dans le grand plat et viens id. tu dors, tu dormiras avec moi dans le lit	حطى الخبيزة و الشموخة فى القصعة و أروحى أجى ترقدى معى فى الفراش
Le Petit Chaperon se déshabille et va se mettre dans le lit, où	gue-le-ète El be-ni-ta le-bè'ce-ha ou dakre-lete fil frèche oua	elle a arraché, ôté la petiote vêtement d'elle et elle est entrée dans le lit Et	قلعت البنيتة لباسها و دخلت فى الفراش و

elle fut bien étonnée de voir comment sa mère grand était faite en son déshabillé. Elle lui dit :	Ste-a-djebète ala roui-ya dje-cede, djeceme El djedda ou hi-ya a-rié-na galete leddibe ou hi-ya Tekra-i-yel testekra-i-yel houal djedda	Elle a été étonnée sur vue corps l'aïeule et elle nue. Elle a dit au loup, et elle }elle s'est imaginé lui l'aïeule	استعجبت على روية جسد جسم الجدة و هى عريانة قالت للذيب و هى }تخيل تستخيل هو الجدة
« ma mère grand, que vous avez de grands bras !	ia djedda ma Toui-la dera-ak	O mère grand : « que... ! combien... ! longs bras de toi !	يا جدة ما طويلة اذرعك
— c'est pour mieux t'embrasser, mon enfant.	gal leha bessah ou hada bèche ne bou-cek soua ia benti	— Il a dit à elle : avec le vrai, c'est vrai, et cela, ce pour j'embrasserai toi bien o fille de moi.	قال لها بالصح و هذا باش ابوسك سوا يا بنتى
	galete lou	Elle a dit à lui :	قالت له

— Ma mère grand, que vous avez de grandes jambes !	ia djedda ma touï-la sika-nek	« o mère grand que..! combien..! grandes jambes de toi	يا جدة ما طويلة سيقانك
— C'est pour mieux courir, mon enfant.	gal le-ha Eddibe sedaketi ou hada bèche nedje-ri bel kou-oua Bezzèf	Il a dit à elle le loup tu as été sincère, c'est vrai, tu as raison, et cela pour je cours, je courrai avec la force, beaucoup.	فال لها الذيب صدقت و هذا باش اجري بالقوة بالزاف
— Ma mère grand, que vous avez de grandes oreilles !	galete lou ia djedda ma touïla ou de-nik	Elle a dit à lui : o mère grand que...! combien...! grandes oreilles de toi.	فالت له يا جدة ما طويلة اذنيك
— C'est pour mieux écouter, mon enfant.	gal le-ha ma-ak el hak ia beni-ya ou hada bèche messe-ma ne-çaunète	Il a dit à elle : « avec toi le droit, la raison, o petite, et ce, cela pour j'entends, j'entendrai	فال لها معك الحق يا بنية و هذا باش اسمع اصنت

	soua	bien	سوا
— Ma mère grand, que vous avez de grands yeux !	galete lou ia djedda ma Kebi-ra aïnik	Elle a dit à lui : « o mère-grand. que !... combien ! grands yeux de toi. »	فالت له يا جدة ما كبيرة عينيك
— C'est pour mieux voir mon enfant.	gal le-ha sedake-ti ia- aïni oua hada bèche nera bel melih	Il a dit à elle : « C'est vrai, tu as raison, O œil de moi et cela pour je vois, je verrai avec le bien, bien.	فال لها صدفت يا عيني و هذا باش ارا بالمليح
— Ma mèregrand, que vous avez de grandes dents !	galete lou ia djedda ma tou-ila senanek	Elle a dit à lui : « O mère grand, que !... longues dents de toi.	فالت له يا جدة ما طويلت سنانك
	gal le-ha an-dek El-hak ia aï-ni ou	Il a dit à elle : chez toi, tu as le droit, la raison, O œil de moi, et	فال لها عندك الحق يا عيني و

— C'est pour mieux te manger. Et, en disant ces mots, le méchant loup se jeta sur le Petit Chaperon Rouge et le mangea.

hada	cela, ce	هذا
bèche	pour	باش
Na-ke-lek	je mange toi	اكلك
soua-soua	bien, égal, égal.	سواسوا
oua	Et	و
ba-ade	après	بعد
ma	que	ما
kal	il a dit	قال
hadil	ces	هذه
keleme	les paroles	الكلام
he-djem	il s'est jeté, précipé	هجم
Eddibe	le loup	الذيب
El kebih	le méchant	القبيح
El ka-ci	le cruel	القسي
ala	sur	على
El beni-ya	la petiote	البنية
oua	et	و
ke-la-ha	il a mangé elle	اكلها
hada	Ceci	هذا
maana	Sens, morale	معنى
meta	appartenant à	متاع
El kassa	le conte.	القصة
Elli	Celui	الى
sema	il a entendu	سمع
hadil	cette, ce	هذه
kassa	le conte	القصة
ie-fe-heme	il comprend, il sait	يفهم
bi-anna	que	بان
Edderéri	les enfants	الدراري
ou	et	و
krouçouss	surtout, principalement	خصوص
Essebi-yète	les jeunes filles	الصبيات
hossnal	belles	حسنة
kad	la taille (de)	القد
ou	et	و

MORALITÉ

On voit ici que les jeunes enfants, surtout de jeunes filles belles, bien faites

et gentilles, font très mal d'écouter toute sorte de gens,	dri-fa	gentilles	طريفة
	oua	et	و
	ba-hi-yets	belles, jolies	بهيات
	ra-i-houme	opinion, avis d'elles	رايهم
	fa-cede	mauvaise, gâtée, fausse	فاسد
	ki-ieke-belou	lorsqu'elles ont accepté	كيفبلوا
	Ke-lème	paroles	كلام
	Nèss	gens	ناس
	Douni-ya-redi-ya	mauvais, nuisibles	دونية ردية
	ou	et	و
	douk	ces	ذوك
	Ennèss	les hommes, gens	الناس
	houmed	eux	هم
	diebe	les loups.	الذياب
Et que ce n'est pas chose étrange s'il en est tant que le loup mange.	ou	Et	و
	i-da	si	اذا
	kelal	il a mangé	اكل
	benète	les filles	البنات
	ka-tsir	beaucoup	كثير
	Eddib	le loup	الذيب
	ma	ne pas	ما
	hi	elle	هى
	chi	chose	شى
	hadil	cette	هذه
	hadja	la chose, l'affaire	الحاجة
	reri-be	étrange.	غريب
	ou	Et	و
	a-ni	je suis, moi	انى
	drouk	maintenant	ذروك
	djari	courant, ayant en vue	جارى
	ala	sur	على
	dibe	loup	ذيب
	fride	seul. unique,	وريد
Je dis le loup,	ba-reK	seulement,	بارك

car tous les loups ne sont pas de la même sorte.	ala	sur	على
	kra-ter	personnne } parceque	خاطر
	ed-dièbe	les loups	الذياب
	ma	ne pas	ما
	houme	eux	هم
	chi	chose	شي
	ala	sur	على
	Teba	sorte	طبع
	oua hed	unique	واحد
	mène houme	parmi eux	منهم
	ass-habe	maîtres, compagnons, possesseurs	اصحاب
	Ta-ou-il	moyen	تاويل
	ou	et	و
	cheta-ra	habileté	شطارة
	ou	et	و
	hila	ruse	حيلة
	ma-a	avec	مع
	Elmela-tefa	gracieuseté, caresse gentillesse,	الملاطفة
	ou	et	و
	houme	eux	هم
	be-akèle houme	avec leur esprit, leur jugement, font tout avec réflexion.	بعقلهم
	Tegoul	tu dirais, tu diras	تقول
	houma	eux	هما
	soude-ka	amis sincères	صدفا
	la	ne pas, pas, point	لا
	hasse	bruit	حس
	ande-houme	chez eux	عندهم
	ou	et	و
	la	point	لا
Il en est d'une humeur accorte, sans bruit, sans fiel et sans courroux,	merara, merra	bile, mauvaise humeur	مرارة مرة
	ou	Et	و
	la	point	لا
	rochch	colère, courroux,	غش

qui, privés, complaisants et doux,	ou	Et	و
	houme	eux	هم
	moua-line	maîtres, possesseurs	موالين
	Elmera-a	complaisance,	المراءة
	oual	et	و
	meda-kre-la	familiarité	المداخلة
	oued	et	و
	de-çara	intimité	الدسارة
	ou	et	و
	houme	eux	هم
	kilaacel	comme le miel, (doux)	كالعسل
	Tabe-ine	suivant	تابعين
	Ette-fi-i-lets	les fillettes	الطفيلات
	fid	dans	فى
	diar	les maisons	الديار
	ou	et	و
	fiz	dans	فى
	zeni-kets	les ruelles.	الزنيفات
	Laken	Mais	لاكن
	ah	hélas !	اه
	ia	O	يا
	rabbi	Seigneur de moi, ô Seigneur !	ربى
	El-nèss	Les hommes, gens	الناس
	El-koul	le tout	الكل
suivent les jeunes demoiselles jusque dans les maisons, jusque dans les ruelles. Mais, hélas! qui ne sait que ces loups douce-yeux,	ande-ha	chez eux	عندها
	El-kre-bar	la nouvelle,	الخبر
	bi-an-na	que	بان
	douk	ces	ذوك
	eddièbe	les loups	الذياب
	houme	eux	هم
	foudj-djar	pervers, fornicateurs	فجار
	Eddièbe	les loups,	الذياب
	ou	et	و
	fi-houme	dans eux	فيهم

de tous les loups sont les plus dangereux.	El-kr'ouf lelbenéte	la peur, le danger aux filles.	الخوف للبنات
	Ente-ha	Fin.	انتهى
	ou	Et	و
	alla	Dieu	الله
	a-a-lem	plus savant... (sait mieux que personne ce qui en est.)	اعلم
FIN			

هذه حكاية على طبيلة مسمية أُ بط شبّ رُنْ رُجْ أ بط هو الصغير شبّ رُنْ هو شبه الشاشية ورُجْ هو احمر يقولوا على
صبية من الصبيات الي دم ساكنين بي الدشور وهي بنية حسنة زينة حتى ما يكون مثلها في الدنيا وامها بغت تهبل
عليها من كثرة الحب وجدت الطبلة هبلت عليها اكثر من امها من الحب ثاني شرت لها جدتها المليحة لبسة جرا
يديرها دايرينها على رؤسهم النسا بكري وهي تشبه الشاشية واطية موطية وبها مدورة شغل المقياس المسايس المفواس
وبي قلب شعر متاع الحيوانة وبها طروب من دراها حرير واسم هذه الشاشية هوشبْ رُنْ رُجْ يعني شاشية جرا
وهي تليف بها بالزاوي حتى عادت ناس وطنها يسموا البنية باسم هذه الشاشية يعني صبية على راسها شاشية جرا يوم
من الايام خبزت امها الخبيزة وطبختها وقالت لها رحي روحي الى جدتك وشميني واش حالها فالوا
لي مريضة هاكِ هذه الخبيزة وهذه الشموخة فدحة فيها الزبدة ادهم لها ذهبت البنية بي الحين الى دشرة اخرى
ساكنة فيها الجدة بينما هي قاطعة غابة صغيرة خرج عليها سي امحمد الذيب وهو ما ذا به ياكلها وبي برانسة
الذياب واعرين كسبع كضبع لاكن استحى جشم على خاطر سمع بعض حطابين يحطبوا الحطب في الغابة
قال لها وابن غادية والمسيكينة صغيرة خلاص ما عندها خبر بالذياب وما تعرف شي بان وقوف مع الذيب
صعيب وجه الحوي والهلاك فالت له اني ماشية الى الجدة اطل عليها والخبيزة ومدية لها الخبيزة ونصيب من الزبدة
بعثتهم لها امي يما فال لها الذيب وحل سكنها بعيد والا قريب فالت له الطبلة بعيد يا سيدي شبعت شي رحى
الريح هذيك امالة بيت الجدة منها لهيد لهيد من هيد خلاص وبيتها هي الاولى الى يصيبها المسافر كيصل الدشرة
فال لها الذيب حتى انا باغ اطل على جدتك خذي انت الطريف هذه وانا ماخوذ هذيك وتتسابق على الى
يصل الى الدشرة هو الاول اخذ سي امحمد الذيب الطريف الصغيرة وعاد يجري بالقوة اخذت البنية الطريف الطويلة
وبدت تتمفن وتلفط البندقي وهي تابعة عقب بوبرطو وابو بشير والبشارة والزوار الصغيرة الى تلقيها تعمل
بها المشامم واما الذيب ما بطا شي بي الطريف ووصل به في بين ما في بيت الجدة طبطب دفدى طف طي
سمع الذيب صوت من داخل يقول تقول من هو عمل بروح؟ هو الطبطاب، ورد لها الجواب وزور صوته فال لها اني
هي بنتك أُ بط شبْ رُنْ رُجْ جيت لك خبيزة وزبدة من عند امي يما والجدة المليحة كانت بي الفراش
لاجل ما تدر شي شوية مريضة فالت للذيب اجذب السكارة والباب يتحل جذب الذيب السكارة
والباب تحل هجم على الجدة واكلها افمة وزبدة على خاطر ثلث ايام وهو ما ياكل شيى وبعد ما فضل الباب
دخل بي الفراش صابر الطبلة جات هي بعد ساعة خجيجة وطبطبت دف دف فال الذيب من هو كسمعت
صوت تقيل تفيلة متاع الذيب خابت بي البدا في الاول لاكن بعد ساعة فليلة فالت في نبسها يمكن الجدة
مروحة مزكومة مبحبحة مبحاحة ايا ادخل فالت للذيب اني هي بنتك أُ بط شبْ رُنْ رُجْ جيت لك الخبيزة
وشموخة فدحة فيها الزبدة من عند امي يما فال لها الذيب وهو يخجبي يلين صوته اجذبي السكارة والباب يتحل
جذبت البنية السكارة والباب تحل كراها الذيب داخلة فال لها وهو يغطى روحه بالمغطا بالزورة بالفراشية بالحايكت
حطى الخبيزة والشموخة بي الفصعة واروحي اجي ترفدي معي بي الفراش فلعت البنيتة لباسها ودخلت بي

البراس واستعجبت على روية جسد جسم المجدة وهى عريانة فالت للذيب وهى تخيل نستخيل هو المجدة يا جدة ما طويلة اذرعك فال لها بالصح وهذا باش ابوسك سوا يا بنتى فالت له يا جدة ما طويلة سيفانك فال لها الذيب صدفت وهذا باش اجرى بالقوة بالزاو فالت له يا جدة ما طويلة اذنيك فال لها معك اكف يا بنية وهذا باش اسمع اصنت سوا فالت له يا جدة ما كبيرة عنيك فال لها صدفت يا عينى وهذا باش ارا بالمليح فالت له يا جدة ما طويلة سنانك فال لها عندك اكف يا عينى وهذا باش اكلك سواسوا وبعد ما فال هذه الكلام هجم الذيب القبيح الفنى على البنية واكلها هذا معنى مناو القصة الى سمع هذه القصة يفهم بان الذرارى وخصوص الصبيات حسنة القد وظريفة وبهيات رايهم فاسد كيفبلوا كلام ناس دونية ردية وذوك الناس هم الذياب واذا اكل البنات كثير الذيب ما هى شى هذه الحاجة غريب وانى ذروك جارى على ذيب بريد بارك على خاطر الذياب ما هم شى على طبع واحد منهم اصحاب تاويل وشطارة وحيلة مع الملاطفة وهم بعقلهم تقول هما صدفا لاحس عندهم ولامرارة مرة ولاعش وهم موالين المراعة والمداخلة والدسارة وهم كالعسل تابعين الطبيعات في الديار وفى الزنيفات لاكن اه يا ربى الناس الكل عندها اخبر بان ذوك الذياب هم فجار الذياب وفيهم الخوى للبنات انتهى والله اعلم

www.ingramcontent.com/pod-product-compliance
Lightning Source LLC
Chambersburg PA
CBHW060921050426
42453CB00010B/1846